PREFACIO

La colección de guías de conversación para viajar "Todo irá bien" publicada por T&P Books está diseñada para personas que viajan al extranjero para turismo y negocios. Las guías contienen lo más importante - los elementos esenciales para una comunicación básica.Éste es un conjunto de frases imprescindibles para "sobrevivir" mientras está en el extranjero.

Esta guía de conversación le ayudará en la mayoría de los casos donde usted necesite pedir algo, conseguir direcciones, saber cuánto cuesta algo, etc. Puede también resolver situaciones difíciles de la comunicación donde los gestos no pueden ayudar.

Este libro contiene muchas frases que han sido agrupadas según los temas más relevantes.También encontrará un mini diccionario con palabras útiles - números, hora, calendario, colores…

Llévese la guía de conversación "Todo irá bien" en el camino y tendrá una insustituible compañera de viaje que le ayudará a salir de cualquier situación y le enseñará a no temer hablar con extranjeros.

TABLA DE CONTENIDOS

T&P Books Publishing

PRONUNCIACIÓN

La letra	Ejemplo serbio	T&P alfabeto fonético	Ejemplo español

Las vocales

A a	авлија	[a]	radio
E e	ексер	[e]	verano
И и	излаз	[i]	ilegal
O o	очи	[o]	bordado
У у	ученик	[u]	mundo

Las consonantes

Б б	брег	[b]	en barco
В в	вода	[ʋ]	cerveza
Г г	глава	[g]	jugada
Д д	дим	[d]	desierto
Ђ ђ	ђак	[ʤ]	tadzhik
Ж ж	жица	[ʒ]	adyacente
З з	зец	[z]	desde
Ј ј	мој	[j]	asiento
К к	киша	[k]	charco
Л л	лептир	[l]	lira
Љ љ	љиљан	[ʎ]	lágrima
М м	мајка	[m]	nombre
Н н	нос	[n]	número
Њ њ	књига	[ɲ]	leña
П п	праг	[p]	precio
Р р	рука	[r]	era, alfombra
С с	слово	[s]	salva
Т т	тело	[t]	torre
Ћ ћ	ћуран	[tɕ]	archivo
Ф ф	фењер	[f]	golf
Х х	хлеб	[h]	registro
Ц ц	цео	[ts]	tsunami
Ч ч	чизме	[tʃ]	mapache

La letra	Ejemplo serbio	T&P alfabeto fonético	Ejemplo español
Џ џ	џбун	[ʤ]	jazz
Ш ш	шах	[ʃ]	shopping

T&P Books Publishing

GUÍA DE CONVERSACIÓN

SERBIO

LAS PALABRAS Y LAS FRASES MÁS ÚTILES

Esta Guía de Conversación
contiene las frases y las
preguntas más comunes
necesitadas para una
comunicación básica
con extranjeros

Andrey Taranov

T&P BOOKS

Guía de conversación + diccionario de 250 palabras

Guía de conversación Español-Serbio y mini diccionario de 250 palabras

por Andrey Taranov

La colección de guías de conversación para viajar "Todo irá bien" publicada por T&P Books está diseñada para personas que viajan al extranjero para turismo y negocios. Las guías contienen lo más importante - los elementos esenciales para una comunicación básica. Éste es un conjunto de frases imprescindibles para "sobrevivir" mientras está en el extranjero.

También encontrará un mini diccionario con 250 palabras útiles necesarias para la comunicación diaria - los nombres de los meses y de los días de la semana, medidas, miembros de la familia, y más.

T&P Books Publishing
www.tpbooks.com

ISBN: 978-1-78716-299-0

Este libro está disponible en formato electrónico o de E-Book también.
Visite www.tpbooks.com o las librerías electrónicas más destacadas en la Red.

LISTA DE ABREVIATURAS

Abreviatura en español

adj	-	adjetivo
adv	-	adverbio
anim.	-	animado
conj	-	conjunción
etc.	-	etcétera
f	-	sustantivo femenino
f pl	-	femenino plural
fam.	-	uso familiar
fem.	-	femenino
form.	-	uso formal
inanim.	-	inanimado
innum.	-	innumerable
m	-	sustantivo masculino
m pl	-	masculino plural
m, f	-	masculino, femenino
masc.	-	masculino
mat	-	matemáticas
mil.	-	militar
num.	-	numerable
p.ej.	-	por ejemplo
pl	-	plural
pron	-	pronombre
sg	-	singular
v aux	-	verbo auxiliar
vi	-	verbo intransitivo
vi, vt	-	verbo intransitivo, verbo transitivo
vr	-	verbo reflexivo
vt	-	verbo transitivo

Abreviatura en serbio

ж	-	sustantivo femenino
ж мн	-	femenino plural
м	-	sustantivo masculino
м мн	-	masculino plural
м, ж	-	masculino, femenino

мн	-	plural
нг	-	verbo intransitivo
нг, пг	-	verbo intransitivo, verbo transitivo
пг	-	verbo transitivo
с	-	neutro
с мн	-	género neutro plural

T&P BOOKS

GUÍA DE CONVERSACIÓN SERBIO

Esta sección contiene frases importantes que pueden resultar útiles en varias situaciones de la vida real. La Guía le ayudará a pedir direcciones, aclaración sobre precio, comprar billetes, y pedir alimentos en un restaurante

T&P Books Publishing

CONTENIDO DE LA GUÍA DE CONVERSACIÓN

T&P Books Publishing

Lo más imprescindible

Perdone, ...	**Извините, ...** Izvinite, ...
Hola.	**Добар дан.** Dobar dan
Gracias.	**Хвала вам.** Hvala vam
Sí.	**Да.** Da
No.	**Не.** Ne
No lo sé.	**Не знам.** Ne znam
¿Dónde? | ¿A dónde? | ¿Cuándo?	**Где? | Куда? | Када?** Gde? | Kuda? | Kada?
Necesito ...	**Треба ми ...** Treba mi ...
Quiero ...	**Хоћу ...** Hoću ...
¿Tiene ...?	**Имате ли ...?** Imate li ...?
¿Hay ... por aquí?	**Да ли овде постоји ...?** Da li ovde postoji ...?
¿Puedo ...?	**Смем ли ...?** Smem li ...?
..., por favor? (petición educada)	**молим** molim
Busco ...	**Тражим ...** Tražim ...
el servicio	**тоалет** toalet
un cajero automático	**банкомат** bankomat
una farmacia	**апотеку** apoteku
el hospital	**болницу** bolnicu
la comisaría	**полицијску станицу** policijsku stanicu
el metro	**метро** metro

| un taxi | **такси**
taksi |
| la estación de tren | **железничку станицу**
železničku stanicu |

Me llamo …	**Ја се зовем …** Ja se zovem …
¿Cómo se llama?	**Како се ви зовете?** Kako se vi zovete?
¿Puede ayudarme, por favor?	**Да ли бисте, молим вас, могли да ми помогнете?** Da li biste, molim vas, mogli da mi pomognete?
Tengo un problema.	**Имам проблем.** Imam problem
Me encuentro mal.	**Не осећам се добро.** Ne osećam se dobro
¡Llame a una ambulancia!	**Позовите хитну помоћ!** Pozovite hitnu pomoć!
¿Puedo llamar, por favor?	**Смем ли да телефонирам?** Smem li da telefoniram?

| Lo siento. | **Извините …**
Izvinite … |
| De nada. | **Нема на чему.**
Nema na čemu |

Yo	**ја, мене** ja, mene
tú	**ти** ti
él	**он** on
ella	**она** ona
ellos	**они** oni
ellas	**оне** one
nosotros /nosotras/	**ми** mi
ustedes, vosotros	**ви** vi
usted	**ви** vi

ENTRADA	**УЛАЗ** ULAZ
SALIDA	**ИЗЛАЗ** IZLAZ
FUERA DE SERVICIO	**НЕ РАДИ** NE RADI

CERRADO	**ЗАТВОРЕНО** ZATVORENO
ABIERTO	**ОТВОРЕНО** OTVORENO
PARA SEÑORAS	**ЗА ЖЕНЕ** ZA ŽENE
PARA CABALLEROS	**ЗА МУШКАРЦЕ** ZA MUŠKARCE

Preguntas

¿Dónde?	**Где?** Gde?
¿A dónde?	**Куда?** Kuda?
¿De dónde?	**Одакле?** Odakle?
¿Por qué?	**Зашто?** Zašto?
¿Con que razón?	**Из ког разлога?** Iz kog razloga?
¿Cuándo?	**Када?** Kada?

¿Cuánto tiempo?	**Колико дуго?** Koliko dugo?
¿A qué hora?	**У колико сати?** U koliko sati?
¿Cuánto?	**Колико?** Koliko?
¿Tiene ...?	**Имате ли ...?** Imate li ...?
¿Dónde está ...?	**Где се налази ...?** Gde se nalazi ...?

¿Qué hora es?	**Колико је сати?** Koliko je sati?
¿Puedo llamar, por favor?	**Смем ли да телефонирам?** Smem li da telefoniram?
¿Quién es?	**Ко је тамо?** Ko je tamo?
¿Se puede fumar aquí?	**Да ли се овде пуши?** Da li se ovde puši?
¿Puedo ...?	**Смем ли ...?** Smem li ...?

Necesidades

Quisiera …	**Волео /Волела/ бих …** Voleo /Volela/ bih …
No quiero …	**Не желим …** Ne želim …
Tengo sed.	**Жедан /Жедна/ сам.** Žedan /Žedna/ sam
Tengo sueño.	**Хоћу да спавам.** Hoću da spavam
Quiero …	**Хоћу …** Hoću …
lavarme	**да се освежим** da se osvežim
cepillarme los dientes	**да оперем зубе** da operem zube
descansar un momento	**да се мало одморим** da se malo odmorim
cambiarme de ropa	**да се пресвучем** da se presvučem
volver al hotel	**да се вратим у хотел** da se vratim u hotel
comprar …	**да купим …** da kupim …
ir a …	**да идем до …** da idem do …
visitar …	**да посетим …** da posetim …
quedar con …	**да се нађем са …** da se nađem sa …
hacer una llamada	**да телефонирам** da telefoniram
Estoy cansado /cansada/.	**Уморан /Уморна/ сам.** Umoran /Umorna/ sam
Estamos cansados /cansadas/.	**Ми смо уморни.** Mi smo umorni
Tengo frío.	**Хладно ми је.** Hladno mi je
Tengo calor.	**Вруће ми је.** Vruće mi je
Estoy bien.	**Добро сам.** Dobro sam

Tengo que hacer una llamada.

Треба да телефонирам.
Treba da telefoniram

Necesito ir al servicio.

Морам до тоалета.
Moram do toaleta

Me tengo que ir.

Морам да идем.
Moram da idem

Me tengo que ir ahora.

Морам одмах да идем.
Moram odmah da idem

Preguntar por direcciones

Perdone, ...	**Извините ...** Izvinite ...
¿Dónde está ...?	**Где се налази ...?** Gde se nalazi ...?
¿Por dónde está ...?	**Куда до ...?** Kuda do ...?
¿Puede ayudarme, por favor?	**Можете ли ми, молим вас, помоћи?** Možete li mi, molim vas, pomoći?

Busco ...	**Тражим ...** Tražim ...
Busco la salida.	**Тражим излаз.** Tražim izlaz
Voy a ...	**Идем до ...** Idem do ...
¿Voy bien por aquí para ...?	**Јесам ли на правом путу до ...?** Jesam li na pravom putu do ...?

¿Está lejos?	**Да ли је далеко?** Da li je daleko?
¿Puedo llegar a pie?	**Могу ли до тамо пешке?** Mogu li do tamo peške?
¿Puede mostrarme en el mapa?	**Можете ли да ми покажете на мапи?** Možete li da mi pokažete na mapi?
Por favor muestreme dónde estamos.	**Покажите ми где смо ми сада.** Pokažite mi gde smo mi sada

Aquí	**Овде** Ovde
Allí	**Тамо** Tamo
Por aquí	**Овим путем** Ovim putem

Gire a la derecha.	**Скрените десно.** Skrenite desno
Gire a la izquierda.	**Скрените лево.** Skrenite levo
la primera (segunda, tercera) calle	**прво (друго, треће) скретање** prvo (drugo, treće) skretanje
a la derecha	**десно** desno

a la izquierda

лево
levo

Siga recto.

Идите само право.
Idite samo pravo

Carteles

¡BIENVENIDO!	**ДОБРОДОШЛИ!** DOBRODOŠLI!
ENTRADA	**УЛАЗ** ULAZ
SALIDA	**ИЗЛАЗ** IZLAZ

EMPUJAR	**ГУРАЈ** GURAJ
TIRAR	**ВУЦИ** VUCI
ABIERTO	**ОТВОРЕНО** OTVORENO
CERRADO	**ЗАТВОРЕНО** ZATVORENO

PARA SEÑORAS	**ЗА ЖЕНЕ** ZA ŽENE
PARA CABALLEROS	**ЗА МУШКАРЦЕ** ZA MUŠKARCE
CABALLEROS	**МУШКАРЦИ** MUŠKARCI
SEÑORAS	**ЖЕНЕ** ŽENE

REBAJAS	**ПРОДАЈА** PRODAJA
VENTA	**РАСПРОДАЈА** RASPRODAJA
GRATIS	**БЕСПЛАТНО** BESPLATNO
¡NUEVO!	**НОВО!** NOVO!
ATENCIÓN	**ПАЖЊА!** PAŽNJA!

COMPLETO	**НЕМА СЛОБОДНИХ МЕСТА** NEMA SLOBODNIH MESTA
RESERVADO	**РЕЗЕРВИСАНО** REZERVISANO
ADMINISTRACIÓN	**АДМИНИСТРАЦИЈА** ADMINISTRACIJA
SÓLO PERSONAL AUTORIZADO	**САМО ЗА ЗАПОСЛЕНЕ** SAMO ZA ZAPOSLENE

CUIDADO CON EL PERRO	**ПАС УЈЕДА!**
	PAS UJEDA!
NO FUMAR	**ЗАБРАЊЕНО ПУШЕЊЕ!**
	ZABRANJENO PUŠENJE!
NO TOCAR	**НЕ ПИПАЈ!**
	NE PIPAJ!
PELIGROSO	**ОПАСНО**
	OPASNO
PELIGRO	**ОПАСНОСТ**
	OPASNOST
ALTA TENSIÓN	**ВИСОК НАПОН**
	VISOK NAPON
PROHIBIDO BAÑARSE	**ЗАБРАЊЕНО ПЛИВАЊЕ!**
	ZABRANJENO PLIVANJE!
FUERA DE SERVICIO	**НЕ РАДИ**
	NE RADI
INFLAMABLE	**ЗАПАЉИВО**
	ZAPALJIVO
PROHIBIDO	**ЗАБРАЊЕНО**
	ZABRANJENO
PROHIBIDO EL PASO	**ЗАБРАЊЕН ПРОЛАЗ!**
	ZABRANJEN PROLAZ!
RECIÉN PINTADO	**СВЕЖЕ ОКРЕЧЕНО**
	SVEŽE OKREČENO
CERRADO POR RENOVACIÓN	**ЗАТВОРЕНО ЗБОГ РЕНОВИРАЊА**
	ZATVORENO ZBOG RENOVIRANJA
EN OBRAS	**РАДОВИ НА ПУТУ**
	RADOVI NA PUTU
DESVÍO	**ОБИЛАЗАК**
	OBILAZAK

Transporte. Frases generales

el avión	авион
	avion
el tren	воз
	voz
el bus	аутобус
	autobus
el ferry	трајект
	trajekt
el taxi	такси
	taksi
el coche	ауто
	auto

el horario	ред вожње
	red vožnje
¿Dónde puedo ver el horario?	Где могу да видим ред вожње?
	Gde mogu da vidim red vožnje?
días laborables	радни дани
	radni dani
fines de semana	викенди
	vikendi
días festivos	празници
	praznici

SALIDA	ОДЛАЗАК
	ODLAZAK
LLEGADA	ДОЛАЗАК
	DOLAZAK
RETRASADO	КАСНИ
	KASNI
CANCELADO	ОТКАЗАН
	OTKAZAN

siguiente (tren, etc.)	следећи
	sledeći
primero	први
	prvi
último	последњи
	poslednji

¿Cuándo pasa el siguiente ...?	Када је следећи ...?
	Kada je sledeći ...?
¿Cuándo pasa el primer ...?	Када је први ...?
	Kada je prvi ...?

¿Cuándo pasa el último ...?

Када је последњи ...?
Kada je poslednji ...?

el trasbordo (cambio de trenes, etc.)

преседање
presedanje

hacer un trasbordo

имати преседање
imati presedanje

¿Tengo que hacer un trasbordo?

Треба ли да преседам?
Treba li da presedam?

Comprar billetes

¿Dónde puedo comprar un billete?	**Где могу да купим карте?** Gde mogu da kupim karte?
el billete	**карта** karta
comprar un billete	**купити карту** kupiti kartu
precio del billete	**цена карте** cena karte

¿Para dónde?	**Куда?** Kuda?
¿A qué estación?	**До које станице?** Do koje stanice?
Necesito …	**Треба ми …** Treba mi …
un billete	**једна карта** jedna karta
dos billetes	**две карте** dve karte
tres billetes	**три карте** tri karte

sólo ida	**у једном правцу** u jednom pravcu
ida y vuelta	**повратна** povratna
en primera (primera clase)	**прва класа** prva klasa
en segunda (segunda clase)	**друга класа** druga klasa

hoy	**данас** danas
mañana	**сутра** sutra
pasado mañana	**прекосутра** prekosutra
por la mañana	**ујутру** ujutru
por la tarde	**после подне** posle podne
por la noche	**увече** uveče

asiento de pasillo	**седиште до пролаза** sedište do prolaza
asiento de ventanilla	**седиште поред прозора** sedište pored prozora
¿Cuánto cuesta?	**Колико?** Koliko?
¿Puedo pagar con tarjeta?	**Могу ли да платим кредитном картицом?** Mogu li da platim kreditnom karticom?

Autobús

el autobús	Аутобус Autobus
el autobús interurbano	међуградски аутобус međugradski autobus
la parada de autobús	аутобуска станица autobuska stanica
¿Dónde está la parada de autobuses más cercana?	Где је најближа аутобуска станица? Gde je najbliža autobuska stanica?

número	број broj
¿Qué autobús tengo que tomar para ...?	Којим аутобусом стижем до ...? Kojim autobusom stižem do ...?
¿Este autobús va a ...?	Да ли овај аутобус иде до ...? Da li ovaj autobus ide do ...?
¿Cada cuanto pasa el autobús?	Колико често иду аутобуси? Koliko često idu autobusi?

cada 15 minutos	сваких 15 минута svakih 15 minuta
cada media hora	сваких пола сата svakih pola sata
cada hora	сваки сат svaki sat
varias veces al día	неколико пута дневно nekoliko puta dnevno
... veces al día	... пута дневно ... puta dnevno

el horario	ред вожње red vožnje
¿Dónde puedo ver el horario?	Где могу да видим ред вожње? Gde mogu da vidim red vožnje?
¿Cuándo pasa el siguiente autobús?	Када је следећи аутобус? Kada je sledeći autobus?
¿Cuándo pasa el primer autobús?	Када је први аутобус? Kada je prvi autobus?
¿Cuándo pasa el último autobús?	Када је последњи аутобус? Kada je poslednji autobus?

la parada	станица stanica
la siguiente parada	следећа станица sledeća stanica

la última parada	**последња станица** poslednja stanica
Pare aquí, por favor.	**Станите овде, молим вас.** Stanite ovde, molim vas
Perdone, esta es mi parada.	**Извините, ово је моја станица.** Izvinite, ovo je moja stanica

Tren

el tren	**воз** voz
el tren de cercanías	**приградски воз** prigradski voz
el tren de larga distancia	**међуградски воз** međugradski voz
la estación de tren	**железничка станица** železnička stanica
Perdone, ¿dónde está la salida al anden?	**Извините, где је излаз до перона?** Izvinite, gde je izlaz do perona?

¿Este tren va a …?	**Да ли овај воз иде до …?** Da li ovaj voz ide do …?
el siguiente tren	**следећи воз** sledeći voz
¿Cuándo pasa el siguiente tren?	**Када полази следећи воз?** Kada polazi sledeći voz?
¿Dónde puedo ver el horario?	**Где могу да видим ред вожње?** Gde mogu da vidim red vožnje?
¿De qué andén?	**Са ког перона?** Sa kog perona?
¿Cuándo llega el tren a …?	**Када воз стиже у …?** Kada voz stiže u …?

Ayudeme, por favor.	**Молим вас, помозите ми.** Molim vas, pomozite mi
Busco mi asiento.	**Тражим своје место.** Tražim svoje mesto
Buscamos nuestros asientos.	**Ми тражимо своја места.** Mi tražimo svoja mesta
Mi asiento está ocupado.	**Моје место је заузето.** Moje mesto je zauzeto
Nuestros asientos están ocupados.	**Наша места су заузета.** Naša mesta su zauzeta

Perdone, pero ese es mi asiento.	**Извините, али ово је моје место.** Izvinite, ali ovo je moje mesto
¿Está libre?	**Да ли је ово место заузето?** Da li je ovo mesto zauzeto?
¿Puedo sentarme aquí?	**Могу ли овде да седнем?** Mogu li ovde da sednem?

En el tren. Diálogo (Sin billete)

Su billete, por favor.	**Карту, молим вас.** Kartu, molim vas
No tengo billete.	**Немам карту.** Nemam kartu
He perdido mi billete.	**Изгубио сам карту.** Izgubio sam kartu
He olvidado mi billete en casa.	**Заборавио сам карту код куће.** Zaboravio sam kartu kod kuće
Le puedo vender un billete.	**Од мене можете купити карту.** Od mene možete kupiti kartu
También deberá pagar una multa.	**Такође ћете морати да платите казну.** Takođe ćete morati da platite kaznu
Vale.	**У реду.** U redu
¿A dónde va usted?	**Где идете?** Gde idete?
Voy a …	**Идем до …** Idem do …
¿Cuánto es? No lo entiendo.	**Колико? Не разумем.** Koliko? Ne razumem
Escríbalo, por favor.	**Напишите, молим вас.** Napišite, molim vas
Vale. ¿Puedo pagar con tarjeta?	**У реду. Да ли могу да платим кредитном картицом?** U redu. Da li mogu da platim kreditnom karticom?
Sí, puede.	**Да, можете.** Da, možete
Aquí está su recibo.	**Изволите рачун.** Izvolite račun
Disculpe por la multa.	**Извините због казне.** Izvinite zbog kazne
No pasa nada. Fue culpa mía.	**У реду је. Моја грешка.** U redu je. Moja greška
Disfrute su viaje.	**Уживајте у путовању.** Uživajte u putovanju

Taxi

taxi	**такси** taksi
taxista	**таксиста** taksista
coger un taxi	**ухватити такси** uhvatiti taksi
parada de taxis	**такси станица** taksi stanica
¿Dónde puedo coger un taxi?	**Где могу да нађем такси?** Gde mogu da nađem taksi?
llamar a un taxi	**позвати такси** pozvati taksi
Necesito un taxi.	**Треба ми такси.** Treba mi taksi
Ahora mismo.	**Одмах.** Odmah
¿Cuál es su dirección?	**Која је ваша адреса?** Koja je vaša adresa?
Mi dirección es …	**Моја адреса је …** Moja adresa je …
¿Cuál es el destino?	**Докле идете?** Dokle idete?
Perdone, …	**Извините …** Izvinite …
¿Está libre?	**Да ли сте слободни?** Da li ste slobodni?
¿Cuánto cuesta ir a …?	**Колико кошта до …?** Koliko košta do …?
¿Sabe usted dónde está?	**Да ли знате где је?** Da li znate gde je?
Al aeropuerto, por favor.	**Аеродром, молим.** Aerodrom, molim
Pare aquí, por favor.	**Станите овде, молим вас.** Stanite ovde, molim vas
No es aquí.	**Није овде.** Nije ovde
La dirección no es correcta.	**Ово је погрешна адреса.** Ovo je pogrešna adresa
Gire a la izquierda.	**скрените лево** skrenite levo
Gire a la derecha.	**скрените десно** skrenite desno

¿Cuánto le debo?	**Колико вам дугујем?** Koliko vam dugujem?
¿Me da un recibo, por favor?	**Рачун, молим.** Račun, molim
Quédese con el cambio.	**Задржите кусур.** Zadržite kusur

Espéreme, por favor.	**Да ли бисте ме сачекали, молим вас?** Da li biste me sačekali, molim vas?
cinco minutos	**пет минута** pet minuta
diez minutos	**десет минута** deset minuta
quince minutos	**петнаест минута** petnaest minuta
veinte minutos	**двадесет минута** dvadeset minuta
media hora	**пола сата** pola sata

Hotel

Hola.	**Добар дан.** Dobar dan
Me llamo …	**Ја се зовем …** Ja se zovem …
Tengo una reserva.	**Имам резервацију.** Imam rezervaciju
Necesito …	**Треба ми …** Treba mi …
una habitación individual	**једнокреветна соба** jednokrevetna soba
una habitación doble	**двокреветна соба** dvokrevetna soba
¿Cuánto cuesta?	**Колико је то?** Koliko je to?
Es un poco caro.	**То је мало скупо.** To je malo skupo
¿Tiene alguna más?	**Да ли имате неку другу могућност?** Da li imate neku drugu mogućnost?
Me quedo.	**Узећу то.** Uzeću to
Pagaré en efectivo.	**Платићу готовином.** Platiću gotovinom
Tengo un problema.	**Имам проблем.** Imam problem
Mi … no funciona.	**Мој … је сломљен /Моја… је сломљена/.** Moj … je slomljen /slomljena/
Mi … está fuera de servicio.	**Мој /Моја/ … не ради.** Moj /Moja/ … ne radi
televisión	**телевизор** televizor
aire acondicionado	**клима уређај** klima uređaj
grifo	**славина** slavina
ducha	**туш** tuš
lavabo	**лавабо** lavabo

caja fuerte	**сеф** sef
cerradura	**брава** brava
enchufe	**електрична утичница** električna utičnica
secador de pelo	**фен** fen

No tengo …	**Немам …** Nemam …
agua	**воде** vode
luz	**светла** svetla
electricidad	**струје** struje

¿Me puede dar …?	**Можете ли ми дати …?** Možete li mi dati …?
una toalla	**пешкир** peškir
una sábana	**ћебе** ćebe
unas chanclas	**папуче** papuče
un albornoz	**баде-мантил** bade-mantil
un champú	**мало шампона** malo šampona
jabón	**мало сапуна** malo sapuna

Quisiera cambiar de habitación.	**Хоћу да заменим собу.** Hoću da zamenim sobu
No puedo encontrar mi llave.	**Не могу да нађем свој кључ.** Ne mogu da nađem svoj ključ
Por favor abra mi habitación.	**Можете ли ми отворити собу, молим вас?** Možete li mi otvoriti sobu, molim vas?

¿Quién es?	**Ко је тамо?** Ko je tamo?
¡Entre!	**Уђите!** Uđite!
¡Un momento!	**Само тренутак!** Samo trenutak!
Ahora no, por favor.	**Не сада, молим вас.** Ne sada, molim vas
Venga a mi habitación, por favor.	**Дођите у моју собу, молим вас.** Dođite u moju sobu, molim vas

Quisiera hacer un pedido.	**Хтео бих да поручим храну.** Hteo bih da poručim hranu
Mi número de habitación es …	**Број моје собе је …** Broj moje sobe je …

Me voy …	**Одлазим …** Odlazim …
Nos vamos …	**Ми одлазимо …** Mi odlazimo …
Ahora mismo	**одмах** odmah
esta tarde	**овог поподнева** ovog popodneva
esta noche	**вечерас** večeras
mañana	**сутра** sutra
mañana por la mañana	**сутра ујутру** sutra ujutru
mañana por la noche	**сутра увече** sutra uveče
pasado mañana	**прекосутра** prekosutra

Quisiera pagar la cuenta.	**Хтео бих да платим.** Hteo bih da platim
Todo ha estado estupendo.	**Све је било дивно.** Sve je bilo divno
¿Dónde puedo coger un taxi?	**Где могу да нађем такси?** Gde mogu da nađem taksi?
¿Puede llamarme un taxi, por favor?	**Да ли бисте ми позвали такси, молим вас?** Da li biste mi pozvali taksi, molim vas?

Restaurante

¿Puedo ver el menú, por favor?	**Могу ли да погледам мени, молим вас?** Mogu li da pogledam meni, molim vas?
Mesa para uno.	**Сто за једног.** Sto za jednog
Somos dos (tres, cuatro).	**Има нас двоје (троје, четворо).** Ima nas dvoje (troje, četvoro)

Para fumadores	**За пушаче** Za pušače
Para no fumadores	**За непушаче** Za nepušače
¡Por favor! (llamar al camarero)	**Конобар!** Konobar!
la carta	**мени** meni
la carta de vinos	**винска карта** vinska karta
La carta, por favor.	**Мени, молим вас.** Meni, molim vas

¿Está listo para pedir?	**Да ли сте спремни да наручите?** Da li ste spremni da naručite?
¿Qué quieren pedir?	**Шта бисте хтели?** Šta biste hteli?
Yo quiero …	**Ја ћу …** Ja ću …

Soy vegetariano.	**Ја сам вегетеријанац /вегетаријанка/.** Ja sam vegeterijanac /vegetarijanka/
carne	**месо** meso
pescado	**рибу** ribu
verduras	**поврће** povrće

¿Tiene platos para vegetarianos?	**Имате ли вегетеријанска јела?** Imate li vegeterijanska jela?
No como cerdo.	**Не једем свињетину.** Ne jedem svinjetinu

Él /Ella/ no come carne.

Он /Она/ не једе месо.
On /Ona/ ne jede meso

Soy alérgico a …

Алергичан /Алергична/ сам на …
Alergičan /Alergična/ sam na …

¿Me puede traer …, por favor?

**Да ли бисте ми,
молим вас, донели …**
Da li biste mi,
molim vas, doneli …

sal | pimienta | azúcar

со | бибер | шећер
so | biber | šećer

café | té | postre

кафу | чај | дезерт
kafu | čaj | dezert

agua | con gas | sin gas

воду | газирану | негазирану
vodu | gaziranu | negaziranu

una cuchara | un tenedor | un cuchillo

кашику | виљушку | нож
kašiku | viljušku | nož

un plato | una servilleta

тањир | салвету
tanjir | salvetu

¡Buen provecho!

Пријатно!
Prijatno!

Uno más, por favor.

Још једно, молим.
Još jedno, molim

Estaba delicioso.

Било је изврсно.
Bilo je izvrsno

---

la cuenta | el cambio | la propina

рачун | кусур | бакшиш
račun | kusur | bakšiš

La cuenta, por favor.

Рачун, молим.
Račun, molim

¿Puedo pagar con tarjeta?

**Могу ли да платим
кредитном картицом?**
Mogu li da platim
kreditnom karticom?

Perdone, aquí hay un error.

Извините, овде је грешка.
Izvinite, ovde je greška

De Compras

¿Puedo ayudarle?	**Могу ли да вам помогнем?** Mogu li da vam pomognem?
¿Tiene ...?	**Имате ли ...?** Imate li ...?
Busco ...	**Тражим ...** Tražim ...
Necesito ...	**Треба ми ...** Treba mi ...

Sólo estoy mirando.	**Само гледам.** Samo gledam
Sólo estamos mirando.	**Само гледамо.** Samo gledamo
Volveré más tarde.	**Вратићу се касније.** Vratiću se kasnije
Volveremos más tarde.	**Вратићемо се касније.** Vratićemo se kasnije
descuentos | oferta	**попусти | распродаја** popusti | rasprodaja

Por favor, enséñeme ...	**Да ли бисте ми, молим вас, показали ...** Da li biste mi, molim vas, pokazali ...
¿Me puede dar ..., por favor?	**Да ли бисте ми, молим вас, дали ...** Da li biste mi, molim vas, dali ...
¿Puedo probarmelo?	**Могу ли да пробам?** Mogu li da probam?
Perdone, ¿dónde están los probadores?	**Извините, где је кабина за пресвлачење?** Izvinite, gde je kabina za presvlačenje?
¿Qué color le gustaría?	**Коју боју бисте хтели?** Koju boju biste hteli?
la talla | el largo	**величина | дужина** veličina | dužina
¿Cómo le queda? (¿Está bien?)	**Како ми стоји?** Kako mi stoji?
¿Cuánto cuesta esto?	**Колико кошта?** Koliko košta?
Es muy caro.	**То је прескупо.** To je preskupo
Me lo llevo.	**Узећу то.** Uzeću to

Perdone, ¿dónde está la caja?

Извините, где се плаћа?
Izvinite, gde se plaća?

¿Pagará en efectivo o con tarjeta?

Плаћате ли готовином или кредитном картицом?
Plaćate li gotovinom ili kreditnom karticom?

en efectivo | con tarjeta

Готовином | кредитном картицом
Gotovinom | kreditnom karticom

¿Quiere el recibo?

Желите ли рачун?
Želite li račun?

Sí, por favor.

Да, молим.
Da, molim

No, gracias.

Не, у реду је.
Ne, u redu je

Gracias. ¡Que tenga un buen día!

Хвала. Пријатно!
Hvala. Prijatno!

En la ciudad

Perdone, por favor.	**Извините, молим вас ...** Izvinite, molim vas ...
Busco ...	**Тражим ...** Tražim ...
el metro	**метро** metro
mi hotel	**свој хотел** svoj hotel
el cine	**биоскоп** bioskop
una parada de taxis	**такси станицу** taksi stanicu
un cajero automático	**банкомат** bankomat
una oficina de cambio	**мењачницу** menjačnicu
un cibercafé	**интернет кафе** internet kafe
la calle ...	**улицу ...** ulicu ...
este lugar	**ово место** ovo mesto
¿Sabe usted dónde está ...?	**Знате ли где је ...?** Znate li gde je ...?
¿Cómo se llama esta calle?	**Која је ово улица?** Koja je ovo ulica?
Muestreme dónde estamos ahora.	**Покажите ми где смо ми сада.** Pokažite mi gde smo mi sada
¿Puedo llegar a pie?	**Могу ли до тамо пешке?** Mogu li do tamo peške?
¿Tiene un mapa de la ciudad?	**Имате ли мапу града?** Imate li mapu grada?
¿Cuánto cuesta la entrada?	**Колико кошта улазница?** Koliko košta ulaznica?
¿Se pueden hacer fotos aquí?	**Могу ли овде да се сликам?** Mogu li ovde da se slikam?
¿Está abierto?	**Да ли радите?** Da li radite?

| ¿A qué hora abren? | **Када отварате?**
Kada otvarate? |
| ¿A qué hora cierran? | **Када затварате?**
Kada zatvarate? |

Dinero

dinero	**новац** novac
efectivo	**готовина** gotovina
billetes	**папирни новац** papirni novac
monedas	**кусур, ситниш** kusur, sitniš
la cuenta | el cambio | la propina	**рачун | кусур | бакшиш** račun | kusur | bakšiš

la tarjeta de crédito	**кредитна картица** kreditna kartica
la cartera	**новчаник** novčanik
comprar	**купити** kupiti
pagar	**платити** platiti
la multa	**казна** kazna
gratis	**бесплатно** besplatno

¿Dónde puedo comprar …?	**Где могу да купим …?** Gde mogu da kupim …?
¿Está el banco abierto ahora?	**Да ли је банка отворена сада?** Da li je banka otvorena sada?
¿A qué hora abre?	**Када се отвара?** Kada se otvara?
¿A qué hora cierra?	**Када се затвара?** Kada se zatvara?

¿Cuánto cuesta?	**Колико?** Koliko?
¿Cuánto cuesta esto?	**Колико ово кошта?** Koliko ovo košta?
Es muy caro.	**То је прескупо.** To je preskupo

Perdone, ¿dónde está la caja?	**Извините, где се плаћа?** Izvinite, gde se plaća?
La cuenta, por favor.	**Рачун, молим.** Račun, molim

¿Puedo pagar con tarjeta?	**Могу ли да платим кредитном картицом?** Mogu li da platim kreditnom karticom?
¿Hay un cajero por aquí?	**Да ли овде негде има банкомат?** Da li ovde negde ima bankomat?
Busco un cajero automático.	**Тражим банкомат.** Tražim bankomat
Busco una oficina de cambio.	**Тражим мењачницу.** Tražim menjačnicu
Quisiera cambiar …	**Хтео бих да заменим …** Hteo bih da zamenim …
¿Cuál es el tipo de cambio?	**Колики је курс?** Koliki je kurs?
¿Necesita mi pasaporte?	**Да ли вам треба мој пасош?** Da li vam treba moj pasoš?

Tiempo

¿Qué hora es?	**Колико је сати?** Koliko je sati?
¿Cuándo?	**Када?** Kada?
¿A qué hora?	**У колико сати?** U koliko sati?
ahora | luego | después de …	**сада | касније | после …** sada | kasnije | posle …
la una	**један сат** jedan sat
la una y cuarto	**један и петнаест** jedan i petnaest
la una y medio	**пола два** pola dva
las dos menos cuarto	**петнаест до два** petnaest do dva
una | dos | tres	**један | два | три** jedan | dva | tri
cuatro | cinco | seis	**четири | пет | шест** četiri | pet | šest
siete | ocho | nueve	**седам | осам | девет** sedam | osam | devet
diez | once | doce	**десет | једанаест | дванаест** deset | jedanaest | dvanaest
en …	**за …** za …
cinco minutos	**пет минута** pet minuta
diez minutos	**десет минута** deset minuta
quince minutos	**петнаест минута** petnaest minuta
veinte minutos	**двадесет минута** dvadeset minuta
media hora	**пола сата** pola sata
una hora	**сат времена** sat vremena
por la mañana	**ујутру** ujutru

por la mañana temprano	**рано ујутру** rano ujutru
esta mañana	**овог јутра** ovog jutra
mañana por la mañana	**сутра ујутру** sutra ujutru
al mediodía	**за време ручка** za vreme ručka
por la tarde	**после подне** posle podne
por la noche	**увече** uveče
esta noche	**вечерас** večeras
por la noche	**ноћу** noću
ayer	**јуче** juče
hoy	**данас** danas
mañana	**сутра** sutra
pasado mañana	**прекосутра** prekosutra
¿Qué día es hoy?	**Који је данас дан?** Koji je danas dan?
Es ...	**Данас је ...** Danas je ...
lunes	**Понедељак** Ponedeljak
martes	**Уторак** Utorak
miércoles	**Среда** Sreda
jueves	**Четвртак** Četvrtak
viernes	**Петак** Petak
sábado	**Субота** Subota
domingo	**Недеља** Nedelja

Saludos. Presentaciones.

Hola.
Здраво.
Zdravo

Encantado /Encantada/ de conocerle.
Драго ми је што смо се упознали.
Drago mi je što smo se upoznali

Yo también.
И мени.
I meni

Le presento a ...
Хтео бих да упознаш ...
Hteo bih da upoznaš ...

Encantado.
Драго ми је што смо се упознали.
Drago mi je što smo se upoznali

¿Cómo está?
Како сте?
Kako ste?

Me llamo ...
Ја се зовем ...
Ja se zovem ...

Se llama ...
Он се зове ...
On se zove ...

Se llama ...
Она се зове ...
Ona se zove ...

¿Cómo se llama (usted)?
Како се ви зовете?
Kako se vi zovete?

¿Cómo se llama (él)?
Како се он зове?
Kako se on zove?

¿Cómo se llama (ella)?
Како се она зове?
Kako se ona zove?

¿Cuál es su apellido?
Како се презивате?
Kako se prezivate?

Puede llamarme ...
Можете ме звати ...
Možete me zvati ...

¿De dónde es usted?
Одакле сте?
Odakle ste?

Yo soy de ....
Ја сам из ...
Ja sam iz ...

¿A qué se dedica?
Чиме се бавите?
Čime se bavite?

¿Quién es?
Ко је ово?
Ko je ovo?

¿Quién es él?
Ко је он?
Ko je on?

¿Quién es ella?
Ко је она?
Ko je ona?

¿Quiénes son?
Ко су они?
Ko su oni?

Este es …	**Ово је …** Ovo je …
mi amigo	**мој пријатељ** moj prijatelj
mi amiga	**моја пријатељица** moja prijateljica
mi marido	**мој муж** moj muž
mi mujer	**моја жена** moja žena
mi padre	**мој отац** moj otac
mi madre	**моја мајка** moja majka
mi hermano	**мој брат** moj brat
mi hermana	**моја сестра** moja sestra
mi hijo	**мој син** moj sin
mi hija	**моја ћерка** moja ćerka
Este es nuestro hijo.	**Ово је наш син.** Ovo je naš sin
Esta es nuestra hija.	**Ово је наша ћерка.** Ovo je naša ćerka
Estos son mis hijos.	**Ово су моја деца.** Ovo su moja deca
Estos son nuestros hijos.	**Ово су наша деца.** Ovo su naša deca

Despedidas

¡Adiós!	**Довиђења!** Doviđenja!
¡Chau!	**Ћао!** Ćao!
Hasta mañana.	**Видимо се сутра.** Vidimo se sutra
Hasta pronto.	**Видимо се ускоро.** Vidimo se uskoro
Te veo a las siete.	**Видимо се у седам.** Vidimo se u sedam
¡Que se diviertan!	**Лепо се проведите!** Lepo se provedite!
Hablamos más tarde.	**Чујемо се касније.** Čujemo se kasnije
Que tengas un buen fin de semana.	**Леп викенд.** Lep vikend
Buenas noches.	**Лаку ноћ.** Laku noć
Es hora de irme.	**Време је да кренем.** Vreme je da krenem
Tengo que irme.	**Морам да кренем.** Moram da krenem
Ahora vuelvo.	**Одмах се враћам.** Odmah se vraćam
Es tarde.	**Касно је.** Kasno je
Tengo que levantarme temprano.	**Морам рано да устанем.** Moram rano da ustanem
Me voy mañana.	**Одлазим сутра.** Odlazim sutra
Nos vamos mañana.	**Одлазимо сутра.** Odlazimo sutra
¡Que tenga un buen viaje!	**Лепо се проведите на путу!** Lepo se provedite na putu!
Ha sido un placer.	**Драго ми је што смо се упознали.** Drago mi je što smo se upoznali
Fue un placer hablar con usted.	**Драго ми је што смо поразговарали.** Drago mi je što smo porazgovarali
Gracias por todo.	**Хвала на свему.** Hvala na svemu

Lo he pasado muy bien.	**Лепо сам се провео /провела/.** Lepo sam se proveo /provela/
Lo pasamos muy bien.	**Лепо смо се провели.** Lepo smo se proveli
Fue genial.	**Било је супер.** Bilo je super
Le voy a echar de menos.	**Недостајаћете ми.** Nedostajaćete mi
Le vamos a echar de menos.	**Недостајаћете нам.** Nedostajaćete nam

¡Suerte!	**Срећно!** Srećno!
Saludos a …	**Поздравите …** Pozdravite …

Idioma extranjero

No entiendo.	**Не разумем.** Ne razumem
Escríbalo, por favor.	**Можете ли то записати?** Možete li to zapisati?
¿Habla usted ...?	**Да ли говорите ...?** Da li govorite ...?

Hablo un poco de ...	**Помало говорим ...** Pomalo govorim ...
inglés	**Енглески** Engleski
turco	**Турски** Turski
árabe	**Арапски** Arapski
francés	**Француски** Francuski

alemán	**Немачки** Nemački
italiano	**Италијански** Italijanski
español	**Шпански** Španski
portugués	**Португалски** Portugalski
chino	**Кинески** Kineski
japonés	**Јапански** Japanski

¿Puede repetirlo, por favor?	**Можете ли то да поновите, молим вас.** Možete li to da ponovite, molim vas
Lo entiendo.	**Разумем.** Razumem
No entiendo.	**Не разумем.** Ne razumem
Hable más despacio, por favor.	**Молим вас, говорите спорије.** Molim vas, govorite sporije

¿Está bien?	**Jeл' тако?** Jel' tako?
¿Qué es esto? (¿Que significa esto?)	**Шта је ово?** Šta je ovo?

Disculpas

Perdone, por favor.

Извините, молим вас.
Izvinite, molim vas

Lo siento.

Извините.
Izvinite

Lo siento mucho.

Јако ми је жао.
Jako mi je žao

Perdón, fue culpa mía.

Извините, ја сам крив.
Izvinite, ja sam kriv

Culpa mía.

Моја грешка.
Moja greška

¿Puedo ...?

Смем ли ...?
Smem li ...?

¿Le molesta si ...?

Да ли би вам сметало да ...?
Da li bi vam smetalo da ...?

¡No hay problema! (No pasa nada.)

OK је.
OK je

Todo está bien.

У реду је.
U redu je

No se preocupe.

Не брините.
Ne brinite

Acuerdos

Sí.	**Да.** Da
Sí, claro.	**Да, свакако.** Da, svakako
Bien.	**Добро, важи!** Dobro, važi!
Muy bien.	**Врло добро.** Vrlo dobro
¡Claro que sí!	**Свакако!** Svakako!
Estoy de acuerdo.	**Слажем се.** Slažem se
Es verdad.	**Тако је.** Tako je
Es correcto.	**То је тачно.** To je tačno
Tiene razón.	**Ви сте у праву.** Vi ste u pravu
No me molesta.	**Не смета ми.** Ne smeta mi
Es completamente cierto.	**Потпуно тачно.** Potpuno tačno
Es posible.	**Могуће је.** Moguće je
Es una buena idea.	**То је добра идеја.** To je dobra ideja
No puedo decir que no.	**Не могу да одбијем.** Ne mogu da odbijem
Estaré encantado /encantada/.	**Биће ми задовољство.** Biće mi zadovoljstvo
Será un placer.	**Са задовољством.** Sa zadovoljstvom

Rechazo. Expresar duda

No.

Не.
Ne

Claro que no.

Нипошто.
Nipošto

No estoy de acuerdo.

Не слажем се.
Ne slažem se

No lo creo.

Не мислим тако.
Ne mislim tako

No es verdad.

Није истина.
Nije istina

No tiene razón.

Грешите.
Grešite

Creo que no tiene razón.

Мислим да грешите.
Mislim da grešite

No estoy seguro /segura/.

Нисам сигуран /сигурна/.
Nisam siguran /sigurna/

No es posible.

Немогуће.
Nemoguće

¡Nada de eso!

Нема шансе!
Nema šanse!

Justo lo contrario.

Потпуно супротно.
Potpuno suprotno

Estoy en contra de ello.

Ја сам против тога.
Ja sam protiv toga

No me importa. (Me da igual.)

Баш ме брига.
Baš me briga

No tengo ni idea.

Немам појма.
Nemam pojma

Dudo que sea así.

Не мислим тако.
Ne mislim tako

Lo siento, no puedo.

Жао ми је, не могу.
Žao mi je, ne mogu

Lo siento, no quiero.

Жао ми је, не желим.
Žao mi je, ne želim

Gracias, pero no lo necesito.

Хвала, али то ми није потребно.
Hvala, ali to mi nije potrebno

Ya es tarde.

Већ је касно.
Već je kasno

Tengo que levantarme temprano.

Морам рано да устанем.
Moram rano da ustanem

Me encuentro mal.

Не осећам се добро.
Ne osećam se dobro

Expresar gratitud

Gracias.	**Хвала вам.** Hvala vam
Muchas gracias.	**Много вам хвала.** Mnogo vam hvala
De verdad lo aprecio.	**Заиста то ценим.** Zaista to cenim
Se lo agradezco.	**Заиста сам вам захвалан /захвална/.** Zaista sam vam zahvalan /zahvalna/
Se lo agradecemos.	**Заиста смо вам захвални.** Zaista smo vam zahvalni
Gracias por su tiempo.	**Хвала вам на времену.** Hvala vam na vremenu
Gracias por todo.	**Хвала на свему.** Hvala na svemu
Gracias por …	**Хвала вам на …** Hvala vam na …
su ayuda	**вашој помоћи** vašoj pomoći
tan agradable momento	**на лепом проводу** na lepom provodu
una comida estupenda	**лепом оброку** lepom obroku
una velada tan agradable	**лепој вечери** lepoj večeri
un día maravilloso	**дивном дану** divnom danu
un viaje increíble	**сјајном путовању** sjajnom putovanju
No hay de qué.	**Није то ништа.** Nije to ništa
De nada.	**Нема на чему.** Nema na čemu
Siempre a su disposición.	**У свако доба.** U svako doba
Encantado /Encantada/ de ayudarle.	**Било ми је задовољство.** Bilo mi je zadovoljstvo
No hay de qué.	**Заборавите на то.** Zaboravite na to
No tiene importancia.	**Не брините за то.** Ne brinite za to

Felicitaciones , Mejores Deseos

¡Felicidades!	**Честитам!** Čestitam!
¡Feliz Cumpleaños!	**Срећан рођендан!** Srećan rođendan!
¡Feliz Navidad!	**Срећан Божић!** Srećan Božić!
¡Feliz Año Nuevo!	**Срећна Нова година!** Srećna Nova godina!
¡Felices Pascuas!	**Срећан Ускрс!** Srećan Uskrs!
¡Feliz Hanukkah!	**Срећна Ханука!** Srećna Hanuka!
Quiero brindar.	**Хтео бих да наздравим.** Hteo bih da nazdravim
¡Salud!	**Живели!** Živeli!
¡Brindemos por ...!	**Попијмо у име ...!** Popijmo u ime ...!
¡A nuestro éxito!	**За наш успех!** Za naš uspeh!
¡A su éxito!	**За ваш успех!** Za vaš uspeh!
¡Suerte!	**Срећно!** Srećno!
¡Que tenga un buen día!	**Пријатан дан!** Prijatan dan!
¡Que tenga unas buenas vacaciones!	**Уживајте на одмору!** Uživajte na odmoru!
¡Que tenga un buen viaje!	**Срећан пут!** Srećan put!
¡Espero que se recupere pronto!	**Надам се да ћете се ускоро опоравити!** Nadam se da ćete se uskoro oporaviti!

Socializarse

¿Por qué está triste?	**Зашто си тужна?** Zašto si tužna?
¡Sonría! ¡Animese!	**Насмеши се! Разведри се!** Nasmeši se! Razvedri se!
¿Está libre esta noche?	**Да ли си слободна вечерас?** Da li si slobodna večeras?
¿Puedo ofrecerle algo de beber?	**Могу ли вам понудити пиће?** Mogu li vam ponuditi piće?
¿Querría bailar conmigo?	**Да ли сте за плес?** Da li ste za ples?
Vamos a ir al cine.	**Хајдемо у биоскоп.** Hajdemo u bioskop
¿Puedo invitarle a ...?	**Могу ли вас позвати у ...?** Mogu li vas pozvati u ...?
un restaurante	**ресторан** restoran
el cine	**биоскоп** bioskop
el teatro	**позориште** pozorište
dar una vuelta	**у шетњу** u šetnju
¿A qué hora?	**У колико сати?** U koliko sati?
esta noche	**вечерас** večeras
a las seis	**у шест** u šest
a las siete	**у седам** u sedam
a las ocho	**у осам** u osam
a las nueve	**у девет** u devet
¿Le gusta este lugar?	**Да ли ти се допада овде?** Da li ti se dopada ovde?
¿Está aquí con alguien?	**Да ли си овде са неким?** Da li si ovde sa nekim?
Estoy con mi amigo /amiga/.	**Са пријатељем /пријатељицом/.** Sa prijateljem /prijateljicom/

Estoy con amigos.

Са пријатељима.
Sa prijateljima

No, estoy solo /sola/.

Не, сâм сам. /Не, сама сам/.
Ne, sâm sam. /Ne, sama sam/

¿Tienes novio?

Да ли имаш дечка?
Da li imaš dečka?

Tengo novio.

Имам дечка.
Imam dečka

¿Tienes novia?

Да ли имаш девојку?
Da li imaš devojku?

Tengo novia.

Имам девојку.
Imam devojku

¿Te puedo volver a ver?

Могу ли опет да те видим?
Mogu li opet da te vidim?

¿Te puedo llamar?

Могу ли да те позовем?
Mogu li da te pozovem?

Llámame.

Позови ме.
Pozovi me

¿Cuál es tu número?

Који ти је број телефона?
Koji ti je broj telefona?

Te echo de menos.

Недостајеш ми.
Nedostaješ mi

¡Qué nombre tan bonito!

Имате лепо име.
Imate lepo ime

Te quiero.

Волим те.
Volim te

¿Te casarías conmigo?

Удај се за мене.
Udaj se za mene

¡Está de broma!

Шалите се!
Šalite se!

Sólo estoy bromeando.

Само се шалим.
Samo se šalim

¿En serio?

Да ли сте озбиљни?
Da li ste ozbiljni?

Lo digo en serio.

Озбиљан сам.
Ozbiljan sam

¿De verdad?

Стварно?!
Stvarno?!

¡Es increíble!

То је невероватно!
To je neverovatno!

No le creo.

Не верујем вам.
Ne verujem vam

No puedo.

Не могу.
Ne mogu

No lo sé.

Не знам.
Ne znam

No le entiendo.

Не разумем те.
Ne razumem te

Váyase, por favor.	**Молим вас, одлазите.** Molim vas, odlazite
¡Déjeme en paz!	**Оставите ме на миру!** Ostavite me na miru!

Es inaguantable.	**Не могу да га поднесем.** Ne mogu da ga podnesem
¡Es un asqueroso!	**Одвратни сте!** Odvratni ste!
¡Llamaré a la policía!	**Зваћу полицију!** Zvaću policiju!

Compartir impresiones. Emociones

Me gusta.	**Свиђа ми се то.** Sviđa mi se to
Muy lindo.	**Баш лепо.** Baš lepo
¡Es genial!	**То је супер!** To je super!
No está mal.	**Није лоше.** Nije loše

No me gusta.	**Не свиђа ми се.** Ne sviđa mi se
No está bien.	**Није добро.** Nije dobro
Está mal.	**Лоше је.** Loše je
Está muy mal.	**Много је лоше.** Mnogo je loše
¡Qué asco!	**Грозно је.** Grozno je

Estoy feliz.	**Срећан /Срећна/ сам.** Srećan /Srećna/ sam
Estoy contento /contenta/.	**Задовољан /Задовољна/ сам.** Zadovoljan /Zadovoljna/ sam
Estoy enamorado /enamorada/.	**Заљубљен /Заљубљена/ сам.** Zaljubljen /Zaljubljena/ sam
Estoy tranquilo.	**Миран /Мирна/ сам.** Miran /Mirna/ sam
Estoy aburrido.	**Досадно ми је.** Dosadno mi je

Estoy cansado /cansada/.	**Уморан /Уморна/ сам.** Umoran /Umorna/ sam
Estoy triste.	**Тужан /Тужна/ сам.** Tužan /Tužna/ sam
Estoy asustado.	**Уплашен /Уплашена/ сам.** Uplašen /Uplašena/ sam
Estoy enfadado /enfadada/.	**Љут /Љута/ сам.** Ljut /Ljuta/ sam

Estoy preocupado /preocupada/.	**Забринут /Забринута/ сам.** Zabrinut /Zabrinuta/ sam
Estoy nervioso /nerviosa/.	**Нервозан /Нервозна/ сам.** Nervozan /Nervozna/ sam

Estoy celoso /celosa/.

Љубоморан /Љубоморна/ сам.
Ljubomoran /Ljubomorna/ sam

Estoy sorprendido /sorprendida/.

Изненађен /Изненађена/ сам.
Iznenađen /Iznenađena/ sam

Estoy perplejo /perpleja/.

Збуњен /Збуњена/ сам.
Zbunjen /Zbunjena/ sam

Problemas, Accidentes

Tengo un problema.	**Имам проблем.** Imam problem
Tenemos un problema.	**Имамо проблем.** Imamo problem
Estoy perdido /perdida/.	**Изгубио /Изгубила/ сам се.** Izgubio /Izgubila/ sam se
Perdi el último autobús (tren).	**Пропустио /пропустила/ сам последњи аутобус (воз).** Propustio /propustila/ sam poslednji autobus (voz)
No me queda más dinero.	**Немам више новца.** Nemam više novca

He perdido …	**Изгубио /Изгубила/ сам …** Izgubio /Izgubila/ sam …
Me han robado …	**Неко ми је украо …** Neko mi je ukrao …
mi pasaporte	**пасош** pasoš
mi cartera	**новчаник** novčanik
mis papeles	**папире** papire
mi billete	**карту** kartu

mi dinero	**новац** novac
mi bolso	**ташну** tašnu
mi cámara	**фото-апарат** foto-aparat
mi portátil	**лаптоп** laptop
mi tableta	**таблет рачунар** tablet računar
mi teléfono	**мобилни телефон** mobilni telefon

¡Ayúdeme!	**Помозите ми!** Pomozite mi!
¿Qué pasó?	**Шта се десило?** Šta se desilo?

el incendio	пожар
	požar
un tiroteo	пуцњава
	pucnjava
el asesinato	убиство
	ubistvo
una explosión	експлозија
	eksplozija
una pelea	туча
	tuča

¡Llame a la policía!	Позовите полицију!
	Pozovite policiju!
¡Más rápido, por favor!	Молим вас, пожурите!
	Molim vas, požurite!
Busco la comisaría.	Тражим полицијску станицу.
	Tražim policijsku stanicu
Tengo que hacer una llamada.	Морам да телефонирам.
	Moram da telefoniram
¿Puedo usar su teléfono?	Могу ли да се послужим вашим телефоном?
	Mogu li da se poslužim vašim telefonom?

Me han …	Неко ме је …
	Neko me je …
asaltado /asaltada/	покрао
	pokrao
robado /robada/	опљачкао
	opljačkao
violada	силовао
	silovao
atacado /atacada/	напао
	napao

¿Se encuentra bien?	Да ли сте добро?
	Da li ste dobro?
¿Ha visto quien a sido?	Да ли сте видели ко је то био?
	Da li ste videli ko je to bio?
¿Sería capaz de reconocer a la persona?	Да ли бисте могли да препознате ту особу?
	Da li biste mogli da prepoznate tu osobu?
¿Está usted seguro?	Да ли сте сигурни?
	Da li ste sigurni?

Por favor, cálmese.	Молим вас, смирите се.
	Molim vas, smirite se
¡Cálmese!	Само полако!
	Samo polako!
¡No se preocupe!	Не брините!
	Ne brinite!

Todo irá bien.	**Све ће бити у реду.** Sve će biti u redu
Todo está bien.	**Све је у реду.** Sve je u redu

Venga aquí, por favor.	**Дођите, молим вас.** Dođite, molim vas
Tengo unas preguntas para usted.	**Имам питања за вас.** Imam pitanja za vas
Espere un momento, por favor.	**Сачекајте, молим вас.** Sačekajte, molim vas
¿Tiene un documento de identidad?	**Имате ли исправе?** Imate li isprave?
Gracias. Puede irse ahora.	**Хвала. Можете ићи.** Hvala. Možete ići
¡Manos detrás de la cabeza!	**Руке иза главе!** Ruke iza glave!
¡Está arrestado!	**Ухапшени сте!** Uhapšeni ste!

Problemas de salud

Ayudeme, por favor.	**Молим вас, помозите ми.** Molim vas, pomozite mi
No me encuentro bien.	**Не осећам се добро.** Ne osećam se dobro
Mi marido no se encuentra bien.	**Мој муж се не осећа добро.** Moj muž se ne oseća dobro
Mi hijo …	**Мој син …** Moj sin …
Mi padre …	**Мој отац …** Moj otac …
Mi mujer no se encuentra bien.	**Моја жена се не осећа добро.** Moja žena se ne oseća dobro
Mi hija …	**Моја ћерка …** Moja ćerka …
Mi madre …	**Моја мајка …** Moja majka …
Me duele …	**Боли ме …** Boli me …
la cabeza	**глава** glava
la garganta	**грло** grlo
el estómago	**стомак** stomak
un diente	**зуб** zub
Estoy mareado.	**Врти ми се у глави.** Vrti mi se u glavi
Él tiene fiebre.	**Он има температуру.** On ima temperaturu
Ella tiene fiebre.	**Она има температуру.** Ona ima temperaturu
No puedo respirar.	**Не могу да дишем.** Ne mogu da dišem
Me ahogo.	**Не могу да удахнем.** Ne mogu da udahnem
Tengo asma.	**Ја сам асматичар /асматичарка/.** Ja sam asmatičar /asmatičarka/
Tengo diabetes.	**Ја сам дијабетичар /дијабетичарка/.** Ja sam dijabetičar /dijabetičarka/

No puedo dormir.

Не могу да спавам.
Ne mogu da spavam

intoxicación alimentaria

тровање храном
trovanje hranom

Me duele aquí.

Овде ме боли.
Ovde me boli

¡Ayúdeme!

Помозите ми!
Pomozite mi!

¡Estoy aquí!

Овде сам!
Ovde sam!

¡Estamos aquí!

Овде смо!
Ovde smo!

¡Saquenme de aquí!

Вадите ме одавде!
Vadite me odavde!

Necesito un médico.

Потребан ми је лекар.
Potreban mi je lekar

No me puedo mover.

Не могу да се померим.
Ne mogu da se pomerim

No puedo mover mis piernas.

Не могу да померам ноге.
Ne mogu da pomeram noge

Tengo una herida.

Имам рану.
Imam ranu

¿Es grave?

Да ли је озбиљно?
Da li je ozbiljno?

Mis documentos están en mi bolsillo.

Документа су ми у џепу.
Dokumenta su mi u džepu

¡Cálmese!

Смирите се!
Smirite se!

¿Puedo usar su teléfono?

Могу ли да се послужим вашим телефоном?
Mogu li da se poslužim vašim telefonom?

¡Llame a una ambulancia!

Позовите хитну помоћ!
Pozovite hitnu pomoć!

¡Es urgente!

Хитно је!
Hitno je!

¡Es una emergencia!

Хитан случај!
Hitan slučaj!

¡Más rápido, por favor!

Молим вас, пожурите!
Molim vas, požurite!

¿Puede llamar a un médico, por favor?

Молим вас, зовите доктора?
Molim vas, zovite doktora?

¿Dónde está el hospital?

Где је болница?
Gde je bolnica?

¿Cómo se siente?

Како се осећате?
Kako se osećate?

¿Se encuentra bien?

Да ли сте добро?
Da li ste dobro?

¿Qué pasó?

Шта се десило?
Šta se desilo?

Me encuentro mejor.

Сада се осећам боље.
Sada se osećam bolje

Está bien.

OK је.
OK je

Todo está bien.

У реду је.
U redu je

En la farmacia

la farmacia	**апотека** apoteka
la farmacia 24 horas	**дежурна апотека** dežurna apoteka
¿Dónde está la farmacia más cercana?	**Где је најближа апотека?** Gde je najbliža apoteka?

¿Está abierta ahora?	**Да ли је отворена сада?** Da li je otvorena sada?
¿A qué hora abre?	**Када се отвара?** Kada se otvara?
¿A qué hora cierra?	**Када се затвара?** Kada se zatvara?

¿Está lejos?	**Да ли је далеко?** Da li je daleko?
¿Puedo llegar a pie?	**Могу ли до тамо пешке?** Mogu li do tamo peške?
¿Puede mostrarme en el mapa?	**Можете ли да ми покажете на мапи?** Možete li da mi pokažete na mapi?

Por favor, deme algo para …	**Молим вас, дајте ми нешто за …** Molim vas, dajte mi nešto za …
un dolor de cabeza	**главобољу** glavobolju
la tos	**кашаљ** kašalj
el resfriado	**прехладу** prehladu
la gripe	**грип** grip

la fiebre	**температуру** temperaturu
un dolor de estomago	**стомачне тегобе** stomačne tegobe
nauseas	**мучнину** mučninu
la diarrea	**дијареју** dijareju
el estreñimiento	**констипацију** konstipaciju
un dolor de espalda	**болове у леђима** bolove u leđima

un dolor de pecho	**болове у грудима** bolove u grudima
el flato	**бол у боку** bol u boku
un dolor abdominal	**бол у стомаку** bol u stomaku
la píldora	**пилула** pilula
la crema	**маст, крема** mast, krema
el jarabe	**сируп** sirup
el spray	**спреј** sprej
las gotas	**капи** kapi
Tiene que ir al hospital.	**Морате у болницу.** Morate u bolnicu
el seguro de salud	**здравствено осигурање** zdravstveno osiguranje
la receta	**рецепт** recept
el repelente de insectos	**нешто против инсеката** nešto protiv insekata
la curita	**фластер** flaster

Lo más imprescindible

Perdone, …	**Извините, …** Izvinite, …
Hola.	**Добар дан.** Dobar dan
Gracias.	**Хвала вам.** Hvala vam

Sí.	**Да.** Da
No.	**Не.** Ne
No lo sé.	**Не знам.** Ne znam
¿Dónde? | ¿A dónde? | ¿Cuándo?	**Где? | Куда? | Када?** Gde? | Kuda? | Kada?

Necesito …	**Треба ми …** Treba mi …
Quiero …	**Хоћу …** Hoću …
¿Tiene …?	**Имате ли …?** Imate li …?
¿Hay … por aquí?	**Да ли овде постоји …?** Da li ovde postoji …?
¿Puedo …?	**Смем ли …?** Smem li …?
…, por favor? (petición educada)	**молим** molim

Busco …	**Тражим …** Tražim …
el servicio	**тоалет** toalet
un cajero automático	**банкомат** bankomat
una farmacia	**апотеку** apoteku
el hospital	**болницу** bolnicu

la comisaría	**полицијску станицу** policijsku stanicu
el metro	**метро** metro

un taxi	**такси** taksi
la estación de tren	**железничку станицу** železničku stanicu

Me llamo …	**Ja се зовем …** Ja se zovem …
¿Cómo se llama?	**Како се ви зовете?** Kako se vi zovete?
¿Puede ayudarme, por favor?	**Да ли бисте, молим вас,** **могли да ми помогнете?** Da li biste, molim vas, mogli da mi pomognete?
Tengo un problema.	**Имам проблем.** Imam problem
Me encuentro mal.	**Не осећам се добро.** Ne osećam se dobro
¡Llame a una ambulancia!	**Позовите хитну помоћ!** Pozovite hitnu pomoć!
¿Puedo llamar, por favor?	**Смем ли да телефонирам?** Smem li da telefoniram?

Lo siento.	**Извините …** Izvinite …
De nada.	**Нема на чему.** Nema na čemu

Yo	**ja, мене** ja, mene
tú	**ти** ti
él	**он** on
ella	**она** ona
ellos	**они** oni
ellas	**оне** one
nosotros /nosotras/	**ми** mi
ustedes, vosotros	**ви** vi
usted	**ви** vi

ENTRADA	**УЛАЗ** ULAZ
SALIDA	**ИЗЛАЗ** IZLAZ
FUERA DE SERVICIO	**НЕ РАДИ** NE RADI

CERRADO	**ЗАТВОРЕНО** ZATVORENO
ABIERTO	**ОТВОРЕНО** OTVORENO
PARA SEÑORAS	**ЗА ЖЕНЕ** ZA ŽENE
PARA CABALLEROS	**ЗА МУШКАРЦЕ** ZA MUŠKARCE

T&P BOOKS

MINI DICCIONARIO

Esta sección contiene 250
palabras útiles necesarias
para la comunicación diaria.
Encontrará ahí los nombres
de los meses y de los días
de la semana.
El diccionario también
contiene temas relevantes
tales como colores, medidas,
familia, y más

T&P Books Publishing

CONTENIDO DEL DICCIONARIO

T&P Books Publishing

tiempo (m)	време (c)	vréme
hora (f)	сат (м)	sat
media hora (f)	пола сата	póla sáta
minuto (m)	минут (ж)	mínut
segundo (m)	секунд (м)	sékund
hoy (adv)	данас	dánas
mañana (adv)	сутра	sútra
ayer (adv)	јуче	júče
lunes (m)	понедељак (м)	ponédeljak
martes (m)	уторак (м)	útorak
miércoles (m)	среда (ж)	sréda
jueves (m)	четвртак (м)	četvŕtak
viernes (m)	петак (м)	pétak
sábado (m)	субота (ж)	súbota
domingo (m)	недеља (ж)	nédelja
día (m)	дан (м)	dan
día (m) de trabajo	радни дан (м)	rádni dan
día (m) de fiesta	празничан дан (м)	prázničan dan
fin (m) de semana	викенд (м)	víkend
semana (f)	недеља (ж)	nédelja
semana (f) pasada	прошле недеље	próšle nédelje
semana (f) que viene	следеће недеље	slédeće nédelje
por la mañana	ујутру	újutru
por la tarde	поподне	popódne
por la noche	увече	úveče
esta noche	вечерас	večéras
(p.ej. 8:00 p.m.)		
por la noche	ноћу	nóću
medianoche (f)	поноћ (ж)	pónoć
enero (m)	јануар (м)	jánuar
febrero (m)	фебруар (м)	fébruar
marzo (m)	март (м)	mart
abril (m)	април (м)	ápril
mayo (m)	мај (м)	maj
junio (m)	јун, јуни (м)	jun, júni
julio (m)	јули (м)	júli
agosto (m)	август (м)	ávgust

75

septiembre (m)	септембар (м)	séptembar
octubre (m)	октобар (м)	óktobar
noviembre (m)	новембар (м)	nóvembar
diciembre (m)	децембар (м)	décembar

en primavera	у пролеће	u próleće
en verano	лети	léti
en otoño	у јесен	u jésen
en invierno	зими	zími

mes (m)	месец (м)	mésec
estación (f)	сезона (ж)	sezóna
año (m)	година (ж)	gódina

2. Números. Los numerales

cero	нула (ж)	núla
uno	један	jédan
dos	два	dva
tres	три	tri
cuatro	четири	čétiri

cinco	пет	pet
seis	шест	šest
siete	седам	sédam
ocho	осам	ósam
nueve	девет	dévet
diez	десет	déset

once	једанаест	jedánaest
doce	дванаест	dvánaest
trece	тринаест	trínaest
catorce	четрнаест	četŕnaest
quince	петнаест	pétnaest

dieciséis	шеснаест	šésnaest
diecisiete	седамнаест	sedámnaest
dieciocho	осамнаест	osámnaest
diecinueve	деветнаест	devétnaest

veinte	двадесет	dvádeset
treinta	тридесет	trídeset
cuarenta	четрдесет	četrdéset
cincuenta	педесет	pedéset

sesenta	шездесет	šezdéset
setenta	седамдесет	sedamdéset
ochenta	осамдесет	osamdéset
noventa	деведесет	devedéset
cien	сто	sto

doscientos	двеста	dvésta
trescientos	триста	trísta
cuatrocientos	четиристо	čétiristo
quinientos	петсто	pétsto

seiscientos	шестсто	šéststo
setecientos	седамсто	sédamsto
ochocientos	осамсто	ósamsto
novecientos	деветсто	dévetsto
mil	хиљада (ж)	híljada

| diez mil | десет хиљада | déset híljada |
| cien mil | сто хиљада | sto híljada |

| millón (m) | милион (м) | milíon |
| mil millones | милијарда (ж) | milíjarda |

3. El ser humano. Los familiares

hombre (m) (varón)	мушкарац (м)	muškárac
joven (m)	младић (м)	mládić
mujer (f)	жена (ж)	žéna
muchacha (f)	девојка (ж)	dévojka
anciano (m)	старац (м)	stárac
anciana (f)	старица (ж)	stárica

madre (f)	мајка (ж)	májka
padre (m)	отац (м)	ótac
hijo (m)	син (м)	sin
hija (f)	кћи (ж)	kći
hermano (m)	брат (м)	brat
hermana (f)	сестра (ж)	séstra

padres (pl)	родитељи (мн)	róditelji
niño -a (m, f)	дете (с)	déte
niños (pl)	деца (мн)	déca
madrastra (f)	маћеха (ж)	máćeha
padrastro (m)	очух (м)	óćuh

abuela (f)	бака (ж)	báka
abuelo (m)	деда (м)	déda
nieto (m)	унук (м)	únuk
nieta (f)	унука (ж)	únuka
nietos (pl)	унуци (мн)	únuci

tío (m)	ујак, стриц (м)	újak, stric
tía (f)	ујна, стрина (ж)	újna, strína
sobrino (m)	нећак, сестрић (м)	néćak, séstrić
sobrina (f)	нећакиња, сестричина (ж)	nećákinja, séstričina

mujer (f)	жена (ж)	žéna
marido (m)	муж (м)	muž
casado (adj)	ожењен	óženjen
casada (adj)	удата	údata
viuda (f)	удовица (ж)	udóvica
viudo (m)	удовац (м)	údovac
nombre (m)	име (с)	íme
apellido (m)	презиме (с)	prézime
pariente (m)	рођак (м)	róđak
amigo (m)	пријатељ (м)	príjatelj
amistad (f)	пријатељство (с)	prijatéljstvo
compañero (m)	партнер (м)	pártner
superior (m)	начелник (м)	náčelnik
colega (m, f)	колега (м)	koléga
vecinos (pl)	комшије (мн)	kómšije

4. El cuerpo. La anatomía humana

cuerpo (m)	тело (с)	télo
corazón (m)	срце (с)	sŕce
sangre (f)	крв (ж)	kŕv
cerebro (m)	мозак (м)	mózak
hueso (m)	кост (ж)	kost
columna (f) vertebral	кичма (ж)	kíčma
costilla (f)	ребро (с)	rébro
pulmones (m pl)	плућа (мн)	plúća
piel (f)	кожа (ж)	kóža
cabeza (f)	глава (ж)	gláva
cara (f)	лице (с)	líce
nariz (f)	нос (м)	nos
frente (f)	чело (с)	čélo
mejilla (f)	образ (м)	óbraz
boca (f)	уста (мн)	ústa
lengua (f)	језик (м)	jézik
diente (m)	зуб (м)	zub
labios (m pl)	усне (мн)	úsne
mentón (m)	брада (ж)	bráda
oreja (f)	ухо (с)	úho
cuello (m)	врат (м)	vrat
ojo (m)	око (с)	óko
pupila (f)	зеница (ж)	zénica
ceja (f)	обрва (ж)	óbrva
pestaña (f)	трепавица (ж)	trépavica

pelo, cabello (m)	коса (ж)	kósa
peinado (m)	фризура (ж)	frizúra
bigote (m)	бркови (мн)	bŕkovi
barba (f)	брада (ж)	bráda
tener (~ la barba)	носити (пг)	nósiti
calvo (adj)	ћелав	ćélav

mano (f)	шака (ж)	šáka
brazo (m)	рука (ж)	rúka
dedo (m)	прст (м)	pŕst
uña (f)	нокат (м)	nókat
palma (f)	длан (м)	dlan

hombro (m)	раме (с)	ráme
pierna (f)	нога (ж)	nóga
rodilla (f)	колено (с)	kóleno
talón (m)	пета (ж)	péta
espalda (f)	леђа (мн)	léđa

5. La ropa. Accesorios personales

ropa (f)	одећа (ж)	ódeća
abrigo (m)	капут (м)	káput
abrigo (m) de piel	бунда (ж)	búnda
cazadora (f)	јакна (ж)	jákna
impermeable (m)	кишни мантил (м)	kíšni mántil

camisa (f)	кошуља (ж)	kóšulja
pantalones (m pl)	панталоне (мн)	pantalóne
chaqueta (f), saco (m)	сако (м)	sáko
traje (m)	одело (с)	odélo

vestido (m)	хаљина (ж)	háljina
falda (f)	сукња (ж)	súknja
camiseta (f) (T-shirt)	мајица (ж)	májica
bata (f) de baño	баде мантил (м)	báde mántil
pijama (m)	пиџама (ж)	pidžáma
ropa (f) de trabajo	радна одећа (ж)	rádna ódeća

ropa (f) interior	доње рубље (с)	dónje rúblje
calcetines (m pl)	чарапе (мн)	čárape
sostén (m)	грудњак (м)	grúdnjak
pantimedias (f pl)	хулахопке (мн)	húlahopke
medias (f pl)	чарапе (мн)	čárape
traje (m) de baño	купаћи костим (м)	kúpaći kóstim

gorro (m)	капа (ж)	kápa
calzado (m)	обућа (ж)	óbuća
botas (f pl) altas	чизме (мн)	čízme
tacón (m)	потпетица (ж)	pótpetica

cordón (m)	пертла (ж)	pértla
betún (m)	крема (ж) за обућу	kréma za óbuću
guantes (m pl)	рукавице (мн)	rukávice
manoplas (f pl)	рукавице (мн) с једним прстом	rukávice s jednim prstom
bufanda (f)	шал (м)	šal
gafas (f pl)	наочаре (мн)	náočare
paraguas (m)	кишобран (м)	kíšobran
corbata (f)	краватa (ж)	kraváta
moquero (m)	џепна марамица (ж)	džépna máramica
peine (m)	чешаљ (м)	čéšalj
cepillo (m) de pelo	четка (ж) за косу	čétka za kósu
hebilla (f)	копча (ж)	kópča
cinturón (m)	каиш (м)	káiš
bolso (m)	ташна (ж)	tášna

6. La casa. El apartamento

apartamento (m)	стан (м)	stan
habitación (f)	соба (ж)	sóba
dormitorio (m)	спаваћа соба (ж)	spávaća sóba
comedor (m)	трпезарија (ж)	trpezárija
salón (m)	дневна соба (ж)	dnévna sóba
despacho (m)	кабинет (м)	kabínet
antecámara (f)	ходник (м)	hódnik
cuarto (m) de baño	купатило (с)	kupátilo
servicio (m)	тоалет (м)	toálet
aspirador (m), aspiradora (f)	усисивач (м)	usisívač
fregona (f)	џогер (м)	džóger
trapo (m)	крпа (ж)	kȑpa
escoba (f)	метла (ж)	métla
cogedor (m)	ђубровник (м)	đúbrovnik
muebles (m pl)	намештај (м)	námeštaj
mesa (f)	сто (м)	sto
silla (f)	столица (ж)	stólica
sillón (m)	фотеља (ж)	fotélja
espejo (m)	огледало (с)	oglédalo
tapiz (m)	тепих (м)	tépih
chimenea (f)	камин (м)	kámin
cortinas (f pl)	завесе (мн)	závese
lámpara (f) de mesa	стона лампа (ж)	stóna lámpa
lámpara (f) de araña	лустер (м)	lúster
cocina (f)	кухиња (ж)	kúhinja

cocina (f) de gas	плински шпорет (м)	plínski špóret
cocina (f) eléctrica	електрични шпорет (м)	eléktrični šporet
horno (m) microondas	микроталасна рерна (ж)	mikrotálasna rérna
frigorífico (m)	фрижидер (м)	frížider
congelador (m)	замрзивач (м)	zamrzívač
lavavajillas (m)	машина (ж)	mašína
	за прање судова	za pránje súdova
grifo (m)	славина (ж)	slávina
picadora (f) de carne	млин (м) за месо	mlin za méso
exprimidor (m)	соковник (м)	sókovnik
tostador (m)	тостер (м)	tóster
batidora (f)	миксер (м)	míkser
cafetera (f) (aparato de cocina)	апарат (м) за кафу	apárat za káfu
hervidor (m) de agua	кувало, чајник (м)	kúvalo, čájnik
tetera (f)	чајник (м)	čájnik
televisor (m)	телевизор (м)	televízor
vídeo (m)	видео рекордер (м)	vídeo rekórder
plancha (f)	пегла (ж)	pégla
teléfono (m)	телефон (м)	teléfon